29 avril 1912

PN

VENTE
Du Lundi 29 Avril 1912
HOTEL DROUOT, SALLE N° 6
A DEUX HEURES

TABLEAUX

Objets d'Art et d'Ameublement

COMMISSAIRE-PRISEUR

M· Henri **BAUDOIN**
Successeur de M. Paul CHEVALLIER

EXPERTS

M· Jules FÉRAL
MM. MANNHEIM

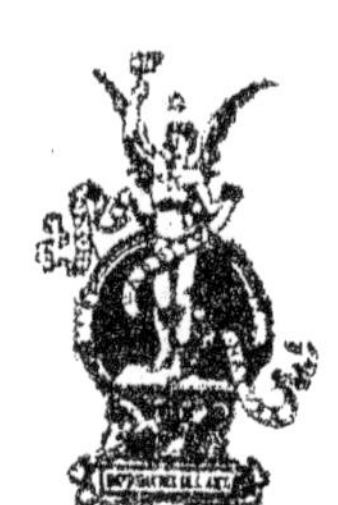

CATALOGUE

DES

Tableaux Anciens

Par :

L. VAN BLARENBERGHE, F. BOUCHER, CARESME, C. DUSART
G. FLINCK, J. VAN GOYEN, J.-B. HUET, LAGRENÉE, J.-B. LE PRINCE, J. MOLENAER
HUBERT ROBERT, D. TENIERS, D. TIEPOLO, R. TOURNIÈRES, J. VERNET
P. WOUWERMAN, ETC., ETC.

AQUARELLES, DESSINS, PASTELS

Par :

GREUZE, J.-B. HUET, MARÉCHAL, A. DE SAINT-AUBIN, SWEBACH DIT FONTAINE, ETC.

OBJETS D'ART ET D'AMEUBLEMENT

Du XVIIIe Siècle et Autres

PORCELAINES DE CHINE — FAIENCES

BOITES ET MINIATURES

SCULPTURES — OBJETS VARIÉS

BRONZES DE BARYE ET AUTRES

Meubles et Tapisserie

DONT LA VENTE AURA LIEU A PARIS

HOTEL DROUOT, SALLE N° 6

LE LUNDI 29 AVRIL 1912

à deux heures

COMMISSAIRE-PRISEUR

Me HENRI BAUDOIN, Successeur de M. Paul CHEVALLIER
10, rue de la Grange-Batelière

EXPERTS

Pour les Tableaux :	Pour les Objets d'art :
M. JULES FÉRAL	**MM. MANNHEIM**
7, rue Saint-Georges	7, rue Saint-Georges

EXPOSITIONS

PARTICULIÈRE : *Le Samedi 27 Avril 1912 . . . .)* DE 1 HEURE 1/2
PUBLIQUE : *Le Dimanche 28 Avril 1912 . . . . . * A 6 HEURES.

CONDITIONS DE LA VENTE

Elle sera faite au comptant.

Les adjudicataires paieront *dix pour cent* en sus des enchères.

Paris. — Imp. de l'Art. Ch. Berger, 41, rue de la Victoire

DÉSIGNATION

AQUARELLES

DESSINS, GOUACHE, PASTELS

CAPET

(Mlle MARIE-GABRIELLE)
Lyon, 1761-1818)

1 — *Jeune Femme représentée à mi-corps.*

Les cheveux bruns bouclés et légèrement poudrés, elle est en robe blanche, un châle de mousseline autour du cou, et noué sur la poitrine au-dessus d'une ceinture bleue.

Pastel de forme ovale.

Haut., 62 cent.; larg. 51 cent.

ÉCOLE FRANÇAISE

(XVIIIe siècle)

2 — *La Jeune Femme au turban.*

Coiffée d'un turban de mousseline, une jeune femme en robe blanche, revêtue d'un manteau de soie rose bordé de fourrure, est représentée à mi-corps, le visage souriant et tenant de la main gauche un masque de soie noir.

Pastel de forme ovale.

Haut., 64 cent. ; larg., 53 cent.

ÉCOLE FRANÇAISE

(XVIII· siècle)

3 — *La Jeune Fille à la rose.*

Elle est vue jusqu'à la taille, tournée de trois quarts à droite et accoudée sur un coussin, la tête retournée vers le spectateur, le visage souriant et tenant une rose de la main gauche. Une draperie bleue et un voile de mousseline sont tombés de ses épaules.

Quelques fleurs parent ses cheveux bruns bouclés.

Pastel.

Haut., 58 cent. ; larg., 48 cent.

ECOLE FRANÇAISE

(XVIII· siècle)

4 — *La Jeune Femme au manchon.*

Vue à mi-corps, de trois quarts tournée vers la droite ; couverte d'un manteau de soie bleu bordé de fourrure, les deux mains dans un manchon, elle est accoudée sur une table garnie d'étoffes vertes.

Pastel.

Haut., 63 cent. ; larg. 51 cent.

ÉCOLE FRANÇAISE

(Début du XIX⁺ siècle)

5 — *La Promenade dans le parc.*

Une jeune femme, vêtue de mousseline blanche, descend les
marches d'un escalier, en s'appuyant d'une main sur la rampe de
pierre. Le vent a mis un gracieux désordre dans sa chevelure brune
et soulève l'écharpe et la jupe de son léger costume.

Un petit chien la précède.

Dessin au crayon noir et à l'estompe rehaussé de blanc.

Haut., 50 cent.; larg., 15 cent.

ÉCOLE FRANÇAISE

XVIII⁺ siècle)

6 — *La Culbute.*

Une jeune laitière, en robe jaune, vient de tomber de l'âne qui la
ramenait du marché ; sa jupe s'est relevée jusqu'à la taille, et le
paysan qui conduisait le baudet, et un petit garçon qui suivait
par derrière, semblent regarder ce désordre avec plus d'attention
que de regrets.

Gouache.

Haut., 18 cent. ; larg., 23 cent.

GAULT DE SAINT-GERMAIN

(PIERRE-MARIE)

Paris, 1754-1842

(DEUX PENDANTS)

7 — *Portrait de Jeune Garçon.*

Il est représenté à mi-corps tourné vers la gauche, le visage de trois quarts regardant le spectateur; ses cheveux blonds bouclés pendent sur la nuque. Il est vêtu d'un habit bleu ouvert sur un gilet de soie blanc; sa chemise au col de lingerie souple est agrémentée d'un double jabot de mousseline plissée qui découvre le cou.

Signé à gauche : *Gault, Saint-Germain, fecit 1786.*

8 — *Portrait de Fillette.*

Les cheveux blonds bouclés, les yeux bleus, vêtue d'une robe de mousseline blanche décolletée, serrée à la taille par une ceinture de soie bleu et rose, elle est vue à mi-corps tournée de trois quarts vers la droite.

Signé à droite et daté : *1786.*

Pastels de forme ovale.

Haut., 54 cent.; larg., 44 cent.

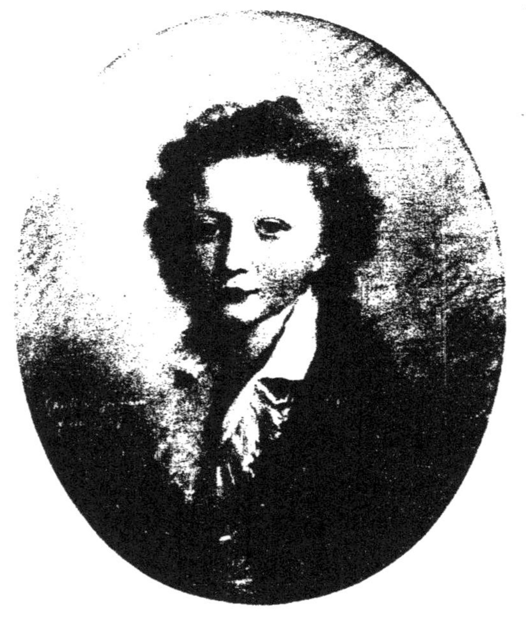

Nᵒ 8

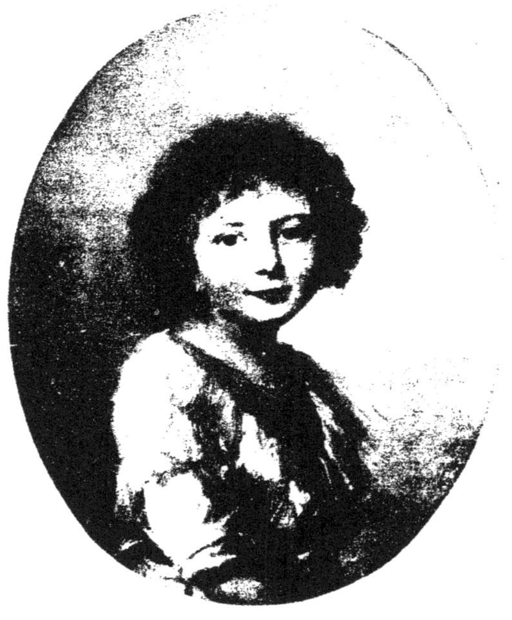

Nᵒ 7

GREUZE
(JEAN-BAPTISTE)
Tournus, 1725-1805

9 — *La Jarretière de la Mariée.*

La jeune mariée est assise au centre, entourée de femmes.

Un jeune homme, à ses pieds, a saisi sa jarretière qu'il tient à la main. A droite, une jeune fille écoute les propos de deux villageois. A gauche, plusieurs personnages boivent et prennent différents mets.

Au premier plan, un jeune garçon dort, accoudé sur une table.

Important dessin à la plume et à l'encre de Chine.

Haut., 42 cent.; larg., 60 cent.

Cadre en bois sculpté.

HUET

(JEAN-BAPTISTE)

Paris, 1745-1811

10 — *Le Retour du marché.*

Aquarelle.

Signée à gauche et datée : *1781.*

Haut., 21 cent. ; larg., 26 cent.

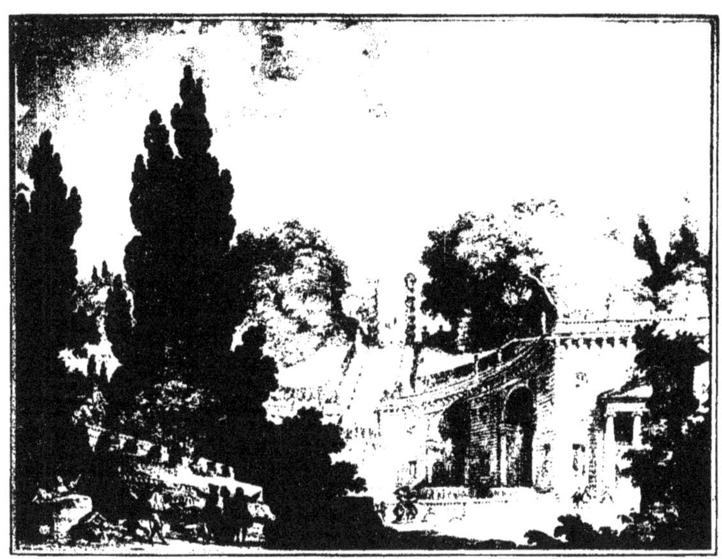

N° 12

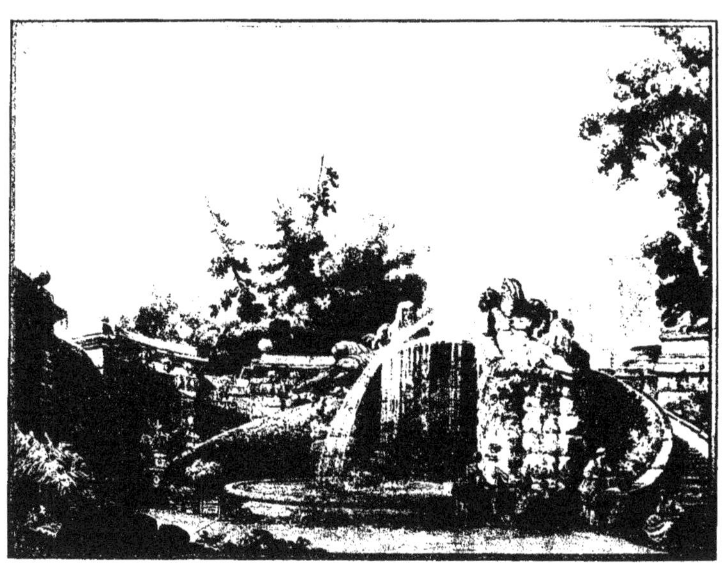

N° 11

MARÉCHAL

(École française, XVIII° siècle)

DEUX PENDANTS

11 — *La Fontaine*.

Des dieux marins supportés par des rochers tiennent des cornes d'abondance, d'où jaillissent des jets d'eau dans une vasque de pierre de forme circulaire. A droite et à gauche, un escalier à double révolution ; des femmes au repos ou lavant du linge, des portiques monumentaux et des accessoires de jardinage.

Dans un fond de parc, une construction à colonnades est entourée d'arbres.

12 — *La Cascade*.

Dans le décor d'un parc majestueux, au centre d'un monument en forme d'hémicycle, une nappe d'eau coule en cascade sur des marches de pierre et retombe sur des vasques qui s'écoulent dans un bassin fermé par une balustrade.

Des dames et des gentilshommes se promènent ; quelques-uns sont arrêtés à gauche devant une ruine.

A droite, un vase sur un socle de pierre, qui porte une inscription.

Aquarelles.

Haut., 25 cent. ; larg., 32 cent.

Cadres en bois sculpté.

MONNET

(CHARLES)
Paris, 1732-1795 (?)

13 — *Le Poirier enchanté.*

Tandis qu'un couple de galants jardiniers croit goûter les délices d'un tête-à-tête au pied d'un poirier, un vieillard grimpé dans l'arbre secoue sur leurs têtes les branches chargées de fruits.

Dans le fond, des terrasses sont ouvertes devant un château.

Aquarelle.

Haut. 20 cent. ; larg. 14 cent.

PERRONNEAU

(JEAN-BAPTISTE)
Paris, 1775-1783

14 — *Portrait de Jeune Femme.*

De trois quarts à gauche, elle porte un fichu de soie rose sur son corsage blanc décolleté.

Ce portrait a subi une importante restauration.

Pastel de forme ovale.

Haut., 63 cent. ; larg. 52 cent

RIGAUD

(HYACINTHE)

Perpignan, 1659-1743

15 — *Portrait d'un Gentilhomme.*

Debout, vu jusqu'aux genoux, coiffé d'une perruque et drapé dans un large manteau qu'il retient de la main droite sur la hanche.

Dessin au crayon noir et à l'estompe.

Haut., 36 cent. ; larg. 28 cent

Vente du marquis de Chennevières, 5-6 mai 1898, N° 160.

RIGAUD

(HYACINTHE)

Perpignan, 1659-1743

16 — *Portrait de Mignard.*

Assis dans un fauteuil, une longue perruque pendant sur les épaules, drapé dans un manteau noir, un crayon à la main droite et tenant de l'autre main un carton à dessin, il a les yeux fixés sur le spectateur.

Un rideau est tendu sur le fond.

Beau et important portrait.

Dessin au crayon noir et à l'estompe rehaussé de blanc.

Gravé.

Haut., 37 cent. ; larg., 29 cent.

Vente du marquis de Chennevières, 5-6 mai 1898.

SAINT-AUBIN
(AUGUSTIN DE)
Paris, 1736-1807

17 — *Portrait de Necker.*

Vu à mi-corps, de face, la tête haute, souriant, vers la droite, il porte un habit ouvert sur la poitrine et un jabot de dentelle.
Dessin à la mine de plomb, de forme ovale.
Gravé.

Haut., 17 cent. ; larg., 14 cent.

Cadre en bois sculpté.

Collection Renouard.

Collection Muhlbacher, vente des 15-18 mai 1899, N° 275.

SAINT-AUBIN
(AUGUSTIN DE)

18 — *Portrait de Mirabeau.*

En buste de trois quarts à gauche, la tête légèrement relevée, une chemise à festons largement ouverte sur la poitrine, il porte un manteau drapé sur l'épaule gauche.
Dessin au crayon noir, avec quelques rehauts de blanc.

Haut., 18 cent. ; larg., 14 cent.

Cadre en bois sculpté.

SWEBACH

(JACQUES-FRANÇOIS, DIT FONTAINE)

Metz, 1769-1823

19 — *Le Bal de la Bastille.*

Des guirlandes de luminaires pendent en festons entre les arbres d'un rond-point, jetant, sous un ciel sombre leurs clartés blafardes.

Sous une tente, des musiciens occupent une estrade, scandant les ébats d'une ronde. La foule entoure les danseurs; des couples élégants, des militaires, des enfants, une jeune femme et son petit garçon s'intéressent à la fête. A gauche, un jeune homme, grimpé le long d'un mât, agite son chapeau.

Dans le lointain, de nombreux personnages, montés sur des buttes, regardent les illuminations.

Cette œuvre remarquable de l'artiste constitue un précieux document pour l'histoire du temps.

Dessin au lavis d'encre de Chine, rehaussé de gouache.

Gravé par Lecœur.

Haut., 10 cent.; larg., 27 cent.

Cadre en bois sculpté.

TISCHBEIN

(Attribué à JEAN-FRÉDÉRIC-AUGUSTE)

20 — *Portrait d'une Princesse de Prusse.*

Elle est représentée à mi-corps, presque de face, les cheveux blonds bouclés, les yeux bleus, en corsage de soie vert décolleté sur un jabot de mousseline.

Pastel de forme ovale.

Haut., 63 cent : larg., 52 cent.

TABLEAUX ANCIENS

ALLAIS

(Ecole française, XVIIIᵉ siècle)

21 — *Portrait de Femme.*

Vue de face jusqu'aux genoux, assise sur une chaise couverte d'étoffe rouge, elle est coiffée d'un bonnet de tulle, vêtue d'une ample robe jaune garnie de rubans bleus ; elle tient une lettre de la main droite et fait un geste de l'autre main.

Signé à gauche et daté : *1742.*

Toile. Haut. 92 cent. ; larg., 72 cent.

Cadre en bois sculpté.

AVED

(Attribué à JACQUES-ANDRÉ)

22 — *Portrait d'un Gentilhomme.*

En habit rouge brodé d'argent, il est assis dans un fauteuil, accoudé sur un bureau.

Fond de rideau vert.

Toile. Haut. 85 cent. ; larg , 69 cent.

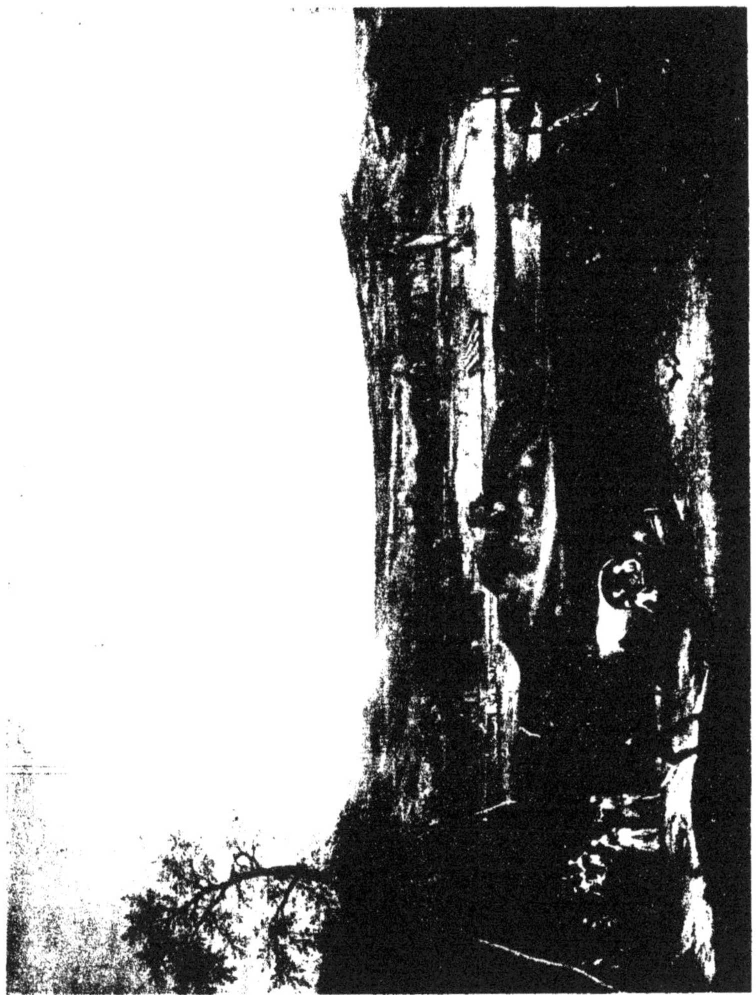

BLARENBERGHE

(LOUIS-NICOLAS VAN)
Lille, 1716-1794

23 — *Le Bac.*

A droite, un bac dans lequel cinq personnages sont déjà installés ; un seigneur offre la main à une dame pour y monter. A gauche, une embarcation recouverte d'une bâche qui abrite de nombreux personnages. Sur la rive, un homme se dispose à amarrer la barque ; derrière lui, un couple salue un des passagers qui répond gracieusement.

Un peu plus loin, dans une guinguette, de nombreux personnages dansent, chantent et s'embrassent.

L'horizon est borné par de hautes collines, au pied desquelles serpente une rivière animée de bateaux.

Toile. Haut., 42 cent.; larg., 55 cent.

BOUCHER

(FRANÇOIS)

Paris, 1703-1770

24 — *L'Amour vainqueur.*

Deux amours sont représentés dans les nues ; l'un couché, un bras étendu sur un carquois et des fleurs ; l'autre voltigeant, tenant une couronne et une flèche, une écharpe rose drapée sur l'épaule.

Signé à gauche, en toutes lettres.

Toile. Haut., 58 cent. ; larg., 80 cent.

Cadre en bois sculpté.

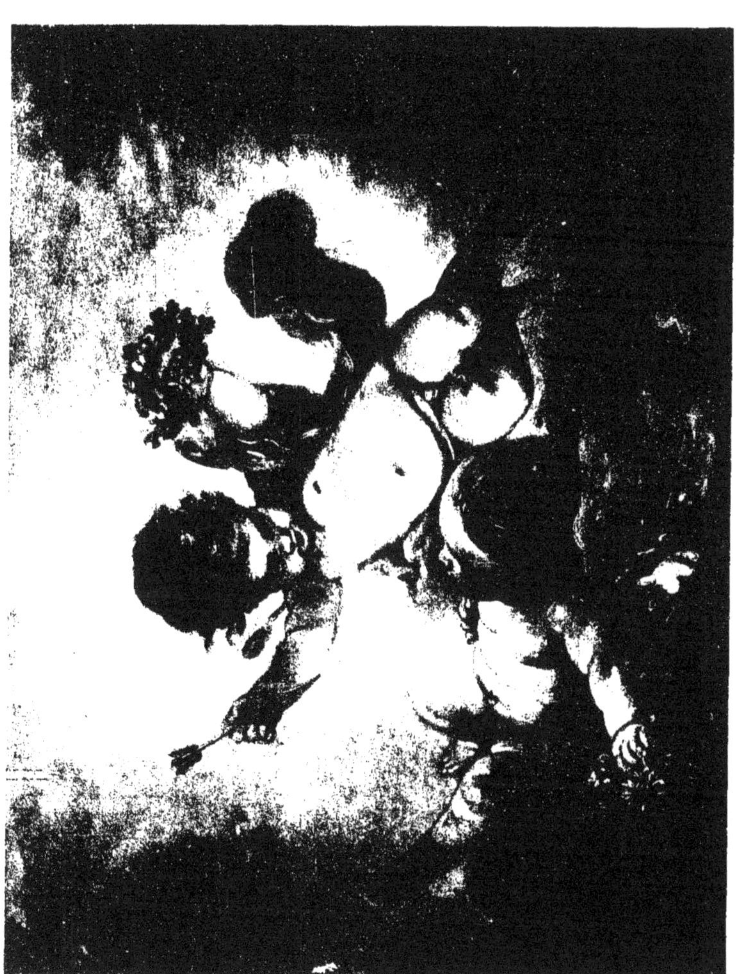

BOUCHER

(École de)

25 — *La Couvée d'oiseaux.*

Toile. Haut.. 44 cent.; larg., 38 cent.

Cadre en bois sculpté.

BRONZINO

(Attribué à ALLORI DIT LE)

26 — *Portrait de Jeune Homme.*

Il est debout, vu jusqu'aux genoux, devant un rideau vert, le bras gauche appuyé sur un motif d'architecture, la main droite tenant un mouchoir. Les yeux sourient sous les sourcils arqués ; les cheveux blonds retombent en mèches capricieuses sur le front. Il est vêtu de noir ; le cou dégagé est pris dans un col de dentelle.

Bois. Haut.. 1 m. 21 cent.; larg.. 87 cent.

Cadre en bois sculpté.

CARESME

(JACQUES-PHILIPPE)

Paris, 1734-1796

27 — *Bacchus et Ariane.*

Dans un parc, Ariane, à demi-couchée sur des étoffes de soie grise étendues sur un tertre, lève les yeux vers une grappe de raisin que presse au-dessus de sa tête le jeune dieu, assis, couronné de pampres, drapé dans une peau de léopard et tenant un thyrse de la main gauche.

A droite, un jeune faune est endormi. Un vase, un tambourin, des fruits agrémentent cette composition remarquable autant par sa grâce que par sa lumineuse tonalité.

Toile de forme ovale.

Haut., 55 cent. ; larg., 42 cent.

Cadre en bois sculpté.

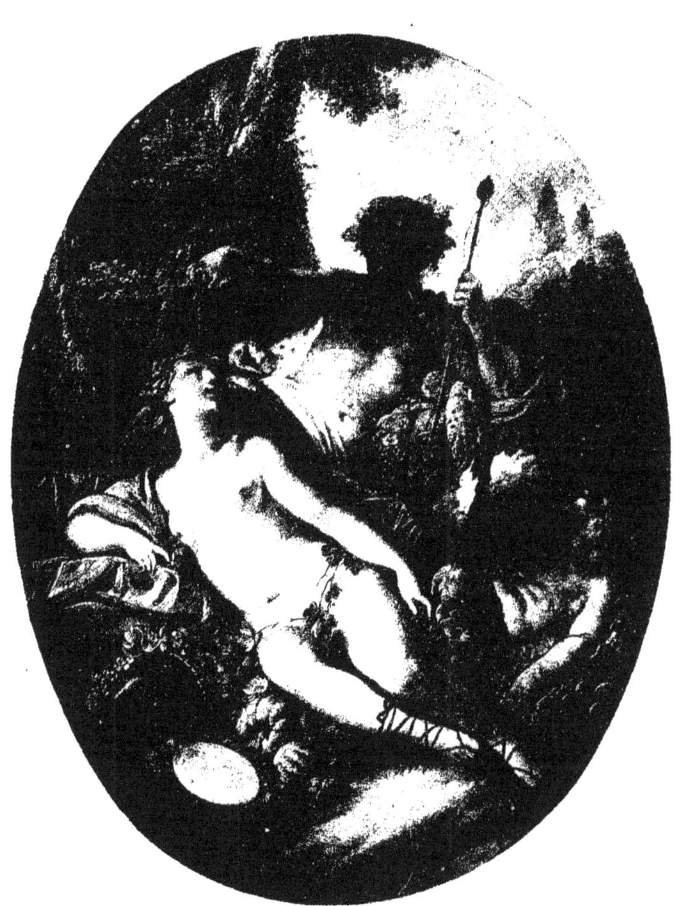

No 27

CRAESBEECK

(JOSSE VAN)

Neerlinter, 1606-1655

28 — *La Partie de cartes.*

Trois villageois sont réunis autour d'un tonneau, jouant aux cartes ; l'un d'eux assis au premier plan tient un verre à la main. Vers le fond, un quatrième personnage fume une pipe.

Bois. Haut., 32 cent.; larg., 23 cent.

Collection du Marquis de Courtebourne à Anvers en 1880.

Collection Edouard Kums, vente des 17 et 18 Mai 1898,
à Anvers, N° 70.

CRAESBEECK

(JOSSE VAN)

29 — *Buste d'Homme âgé.*

Coiffé d'un feutre mou, un lorgnon sur le nez, il a les yeux fixés vers la gauche.

Bois. Haut., 25 cent.; larg., 18 cent.

DUSART
(CORNÉLIS)
Haarlem, 1660-1704

3o — *Sous la tonnelle.*

Un villageois, coiffé d'un feutre mou, est debout derrière une table; il chante en regardant une femme assise à gauche sur un banc, buvant un verre de vin. Sur la table une galette est découpée; à côté, un réchaud et un broc de grès.

Au premier plan et à droite, un chien.

Bois. Haut., 37 cent.; larg., 29 cent.

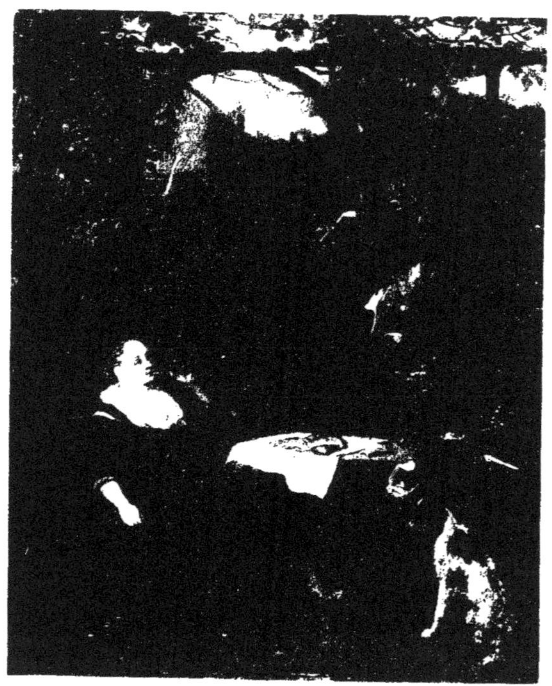

N° 30

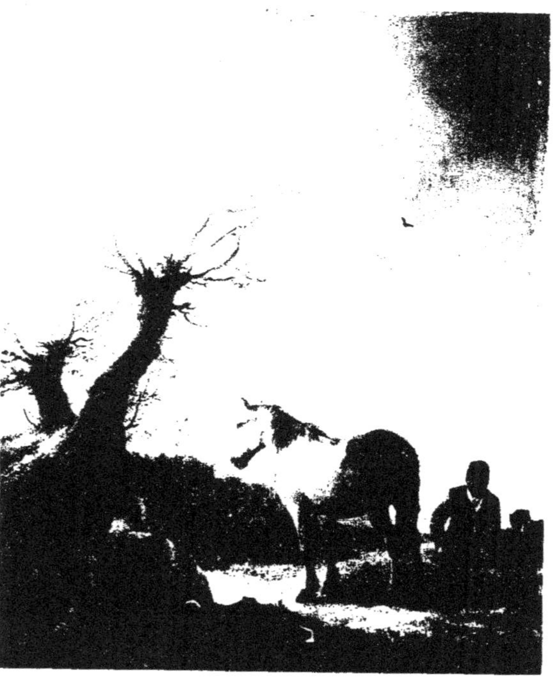

N° 63

ÉCOLE FRANÇAISE
(XVIIIᵉ siècle)

3 1 — *La Partie de pêche*.

Dans un paysage traversé par un cours d'eau, sous un pont de
pierre, un couple est monté dans un bateau: la jeune femme, coiffée
d'un bonnet blanc, est debout, tenant une ligne; le jeune homme a
saisi un poisson sorti de l'eau.

A gauche, sur la rive, un officier prend par la taille sa compagne
qui s'enfuit; un homme en veste verte fait un signe à ce dernier
couple.

Toile Haut., 72 cent ; larg., 76 cent.

ÉCOLE NÉERLANDAISE
(XVIᵉ siècle)

3 2 — *L'Adoration des Mages*.

Fond de paysage avec château fortifié.

Bois. Haut., 40 cent ; larg., 38 cent.

ÉCOLE HOLLANDAISE

(XVIIe siècle)

33 — *Portraits de Femme et d'Enfant.*

Une jeune mère coiffée d'un bonnet de guipure, une fraise rigide autour du cou, soutient une fillette assise sur une table et jouant avec un bijou d'orfèvrerie, qui pend à une chaine d'or.

Bois. Haut., 1 m. 02 cent.; larg., 82 cent.

EISEN

(FRANÇOIS)

Bruxelles, 1685-1775

34 à 37 — *Jeux d'enfants.*

Suite de quatre gracieuses compositions allégoriques, ornées d'arabesques et de guirlandes de fleurs sur fond d'or.

Bois. Haut., 42 cent.; larg., 27 cent.

FLINCK

(GOVERT)

Clèves, 1615-1660

38 — *Portrait de Jeune Fille.*

A mi-corps, tournée vers la gauche, les cheveux bruns bouclés, elle porte un manteau verdâtre, ouvert autour du cou sur une chemise blanche.

Bois. Haut., 41 cent., larg., 31 cent.

GARNIER
(MICHEL)
(École française, XVIIIe siècle)

39 — *Les Indiscrets.*

Une jeune femme blonde, les cheveux pendants, couronnée de roses, vêtue d'une robe de mousseline blanche, est debout dans un cabinet de toilette ; tenant d'une main une mèche de ses longs cheveux, et de l'autre un pli de sa jupe, elle esquisse un pas de danse.

A droite, un galant vient d'entr'ouvrir la porte et il jette sur la belle un coup d'œil furtif au-dessus d'un masque dont il cache son visage. Un pierrot se presse derrière lui avec curiosité. A gauche, derrière un tabouret et une table chargée d'objets de toilette, une glace reflète l'image d'un des indiscrets.

Toile. Haut., 29 cent.: larg., 23 cent.

GOYEN
(JEAN VAN)
Leyde, 1596-1666

40 — *Château au bord d'une rivière.*

Une charrette et un cavalier traversent la rivière dans un bac. Au premier plan, deux embarcations montées par des pêcheurs.

Le château s'élève dans le fond sur une éminence couverte de gazon et entourée au bord de l'eau d'un mur de défense.

On lit au dos sur une vieille inscription :

Château de Culinborg.

Bois. Haut., 25 cent.: larg., 32 cent.

GUARDI

(Attribués à FRANCESCO)

(DEUX PENDANTS)

41 — *Vue du Grand Canal à Venise.*

Des gondoles chargées de personnages sillonnent le canal, devant les palais de marbre et les maisons couvertes de tuiles.

Quelques embarcations ont hissé sur leurs mâts des voiles de couleur.

Dans le fond, le pont du Rialto ferme l'horizon.

42 — *Une Fête sur la Piazetta.*

Devant le palais des Doges, la foule occupe des gradins, et au centre de la place, devant un monument à portiques et colonnade, des acrobates forment une pyramide humaine.

Au premier plan, des promeneurs couverts de manteaux, jaunes, bleus ou rouges.

Toile. Haut., 73 cent. ; larg., 95 cent.

HUET

(JEAN-BAPTISTE)

Paris, 1745-1811

43 — *Un Sacrifice à l'Amour.*

Une jeune fille en robe bleue est représentée à mi-corps, les yeux levés au ciel, présentant sur un plateau le cœur enflammé d'une colombe immolée sur un autel.

Bois de forme ovale.

Haut., 30 cent. ; larg., 26 cent.

JULIEN

(SIMON)

Toulon, 1735-1800

(DEUX PENDANTS)

44 — *La Rose défendue.*

Une jeune femme drapée d'étoffe blanche et jaune est agenouillée dans un jardin, se défendant d'un amour voltigeant au-dessus d'un buisson pour cueillir une rose.

45 — *La Rose enlevée.*

L'Amour vole au-dessus d'un nuage, tenant triomphalement une rose. La jeune femme étendue à terre, dans une attitude lasse, regarde le vainqueur qui s'enfuit.

Ces deux tableaux sont gravés.

On lit sur les gravures : *Gravé par Laurent Julien, d'après le tableau original de Simon Julien, peintre du Roi.*

Toiles. Haut., 46 cent. ; larg., 37 cent.

LACROIX

(DE MARSEILLE)

(École française, XVIIIᵉ siècle)

46 — *Entrée d'un port.*

Des pêcheurs se reposent sur une rive près de laquelle des barques sont amarrées.

Dans le fond, des tours et des fortifications s'élèvent au bord de la côte, au pied de montagnes escarpées.

Toile. Haut., 25 cent. ; larg., 40 cent.

LAGRENÉE

(JEAN-JACQUES)

Paris, 1740-1821

47 — *Le Sacrifice d'Iphigénie.*

Signé à droite en toutes lettres.
Toile cintrée dans la partie supérieure.

Haut., 1 m. 02 cent.; larg . 82 cent

LEBRUN

(Attribué à Mme VIGÉE)

48 — *Portrait de la Reine Marie-Antoinette.*

Debout, vue à mi-corps, les cheveux frisés et légèrement poudrés, toque de velours aux plumes blanches, robe grenat décolletée, bordée de fourrure.

Toile. Haut., 41 cent.; larg., 33 cent.

Cadre en bois sculpté.

LE PRINCE
(JEAN-BAPTISTE)
Metz, 1753-1781

49 — *La Présentation au Sultan.*

Un sultan assis, et accoudé sur une table, regarde attentivement une jeune femme que lui présente une matrone coiffée d'un fichu rouge.

Toile. Haut., 1 m. 02 cent.; larg., 1 m. 30 cent.

LE PRINCE
(JEAN-BAPTISTE)

5o — *Le Repos de l'Odalisque.*

Une jeune femme vêtue à l'orientale est étendue sur un lit de repos, le dos appuyé sur un coussin rose, les yeux baissés sur les pages d'un livre qu'elle tient de la main droite.

Toile. Haut., 46 cent.; larg., 55 cent.

MIGNARD

(Attribué à PIERRE)

51 — *Portraits de trois Jeunes Princes.*

Un petit garçon est représenté au centre en amour, tenant un arc d'une main, et l'autre main posée sur un carquois que lui offre une fillette assise à droite. A gauche, une autre jeune fille.
Les trois enfants sont coiffés de perruques bouclées.
Fond de paysage avec cours d'eau.

Toile. Haut., 1 m. 36 cent.; larg., 1 m 65 cent.

MIGNARD

(Attribué à PIERRE)

52 — *Portrait de Jeune Femme.*

Vue à mi-corps, en robe blanche, un châle rouge drapé sur l'épaule, la main gauche appuyée sur la poitrine.

Toile. Haut., 73 cent.; larg., 73 cent.

MOLENAER

(JEAN)

Haarlem, XVII² siècle

53 — *Le Maître d'école.*

Il est assis derrière une table, corrigeant un devoir que lui présente un jeune garçon vêtu de rouge. D'autres enfants sont réunis autour de lui.

Dans le fond, une fenêtre est ouverte sur la campagne.

Signé à droite en toutes lettres.

Bois. Haut., 22 cent.; larg., 20 cent.

NAT·OIRE

(CHARLES-JOSEPH)

Nîmes, 1700-1777

54 — *Le Triomphe d'Amphitrite.*

La déesse est portée par des dauphins et retient sur le bras gauche une écharpe rose qui voltige, soutenue dans le ciel par un amour.

Autour d'elle des naïades et des tritons.

Toile. Haut., 80 cent.; larg., 1 mètre.

Cadre en bois sculpté.

NAVEZ

(FRANÇOIS-JOSEPH)

Charleroi, 1787-1869

55 — *Portrait du peintre David.*

Le maître est représenté assis, tourné de trois quarts à droite, les yeux fixés sur le spectateur, les mains jointes, tenant un porte-crayon.

Les cheveux gris bouclés, l'habit noir orné de la croix de la Légion d'Honneur et ouvert sur un jabot blanc, il porte autour de lui un ample manteau à col de fourrure et doublé de velours.

A gauche, une palette et des pinceaux posés sur une table.

Signé à droite : *F.-J. Navez. Bruxelles, 1836.*

Bois. Haut., 93 cent.; larg., 76 cent.

Collection de Hirsch. Vente du 17 juin 1904, N° 32.

NONNOTTE

(DONATIEN)

Besançon, 1708-1785

56 — *Portrait de Femme âgée.*

En buste, légèrement tournée vers la droite, corsage rouge,
fichu blanc, un bonnet de mousseline serré sur la tête par un
ruban bleu.

Toile de forme ovale.

Haut., 58 cent.; larg., 47 cent.

ROBERT

(HUBERT)

Paris, 1733-1806

57 — *Chemin entre des rochers.*

A droite, un pâtre accompagné d'un jeune garçon pousse sur
un gué un bœuf blanc. Sur le chemin, au centre, un chien aboie.
Dans le fond, trois personnages.

Toile. Haut., 72 cent.; larg., 1 m. 12 cent.

TENIERS LE JEUNE
(DAVID)
Anvers, 1610-1690

58 — *Les Deux Chaumières.*

Sur le bord de la rivière, à gauche, les deux chaumières sont
dressées, l'une à côté de l'autre; et, devant la première, autour
d'une table, les joueurs se sont assis, l'un sur un billot, l'autre
sur un baquet renversé. Près d'eux, à gauche, deux bonshom-
mes, debout, causent et discutent. Une femme est à demi-ren-
trée dans la chaumière; on la voit sur le seuil, en caraco rouge,
une cruche à la main. Dans le fond, en un coin d'ombre écarté,
un autre buveur, debout, tourne le dos... et pour cause. De
l'autre côté de la rivière, des maisons se dressent au soleil,
parmi de rares bouquets d'arbres, sous la gaieté d'un ciel d'été.

A droite, au premier plan, un banc de bois et quelques
natures mortes : terrine, cruche, bassine, etc.

Signé à droite, en bas : *D. Teniers, f.*

Bois. Haut., 25 cent.; larg., 35 cent.

Collection Max Kann, vente du 3 mars 1879, N° 62.

Collection Édouard Kums, vente des 17/18 mai 1898, à Anvers, N° 88.

TIEPOLO
(DOMINIQUE)
Venise, 1726-1795

59 — *La Partie de cartes.*

Sur la terrasse d'un parc seigneurial, quatre personnages en
brillants costumes sont réunis autour d'une table. A gauche, un
joueur de clarinette est assis. Un jeune homme, agenouillé sur la
première marche d'un escalier de pierre, offre une gimblette à
un perroquet perché sur le bras d'un fauteuil.

Toile. Haut., 62 cent.; larg., 78 cent.

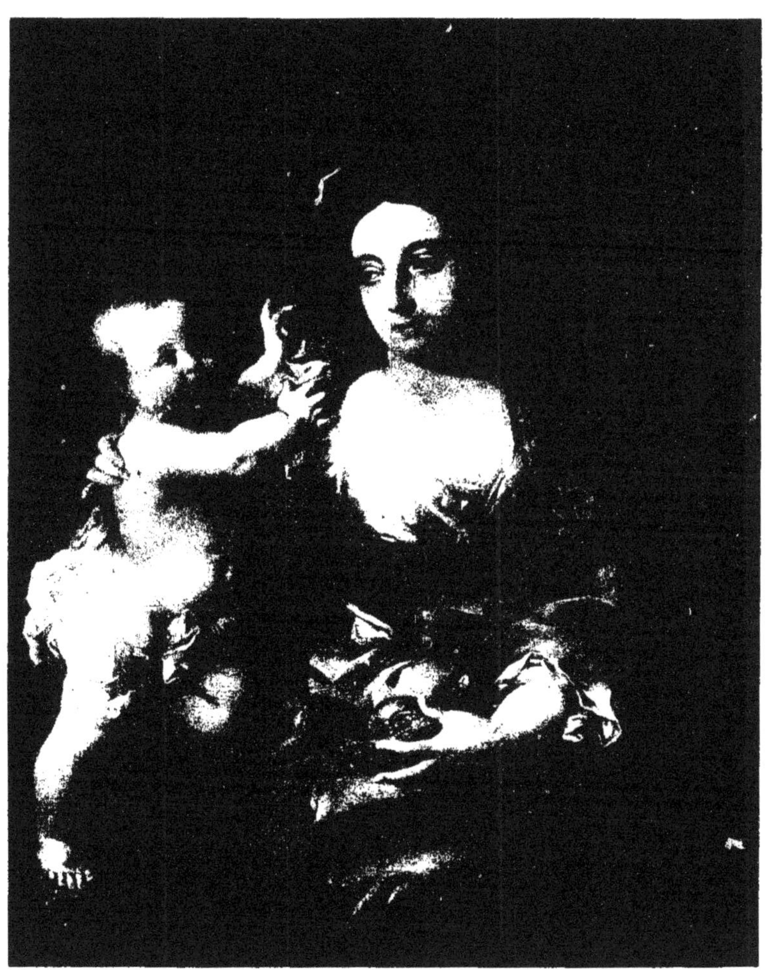

N° 60

TOURNIÈRES

ROBERT

Ifs, 1668-1752

60 — *Portraits d'une Jeune Femme et d'un Enfant.*

Une jeune femme est représentée jusqu'aux genoux, assise, en robe blanche décolletée, drapée dans un manteau de soie marron, un voile posé sur ses cheveux châtains et tombant sur les épaules. De la main gauche, elle tient une grenade appuyée sur ses genoux, et de l'autre main elle caresse un jeune enfant blond aux yeux bleus, presque nu et tendant les bras vers elle.

Toile. Haut., 80 cent.; larg., 65 cent.

Cadre en bois sculpté.

VAN LOO

(Attribué à CARLE)

61 — *Bethsabée*.

Elle est assise sur un coussin couvert de velours rouge, au bord d'une fontaine et entourée de suivantes.

A gauche, devant un escalier de pierre, une femme porte une corbeille de fruits.

Dans le fond, sur la terrasse d'un palais, on remarque le roi David.

Toile. Haut., 85 cent.; larg., 1 m. 03 cent.

Cadre en bois sculpté.

VERNET

(JOSEPH)

Avignon, 1714-1789

62 — *Le Retour de la pêche*.

Des pêcheurs, montés dans une embarcation et tirant leurs filets, accostent une rive au premier plan, où l'on remarque dans un groupe de personnages une femme en jupe rose.

A droite, un rocher abrupt dont le sommet est couvert de végétation ; à gauche, des bateaux marchands.

Dans le fond, sous les rayons du soleil couchant qui perce la brume, un pont de pierre relie les fortifications du port.

Toile. Haut., 65 cent. ; larg., 91 cent.

Cadre en bois sculpté.

WOUWERMAN
(PHILIPPE)

Haarlem, 1619-1668

63 — *Le Pâturage.*

Au premier plan, un cheval couché sur l'herbe ; près de lui,
debout, un cheval blanc ; plus loin, est assis un passant ayant son
chien à ses côtés. Au second plan, près d'un tertre surmonté de
deux arbres, des moutons au repos. Ciel nuageux.

Signé du monogramme à droite.

Bois. Haut., 34 cent ; larg., 26 cent.

PORCELAINES, FAIENCES

64 — Deux plats creux, à bords ajourés, en ancienne
porcelaine de Chine, décorés chacun d'un paysage en
bleu.

65 — Plat, décoré d'oiseaux et d'arbustes en fleurs, en
ancienne porcelaine de Chine.

66 — Plat, décoré de fleurs ; marli vermiculé à réserves.
Ancienne porcelaine de Chine, époque Kien-lung.

67 — Plat en ancienne porcelaine du Japon, décoré d'une
haie fleurie, entourée de compartiments à fleurs.

68 — Deux grands cornets, décorés de branches fleuries
et petites réserves, en ancienne porcelaine du Japon.

69 — Grand plat en ancienne faïence de Rouen, décoré
en bleu d'une armoirie et de lambrequins.

70 — Réduction d'un monument, élevé à la gloire de
Louis XV, en terre noire du XVIIIe siècle. Il se com-
pose d'une statuette du roi, dressée sur un piédestal
orné de deux figurines de femmes debout.

Haut., 39 cent.

71 — Grand vase, forme Médicis, en porcelaine dure,
décoré en dorure ton sur ton de rinceaux avec médaillon polychrome : la Joconde. Époque Empire.

72 — Sucrier, avec couvercle, en ancienne porcelaine
tendre de Vincennes, décoré de bandes réservées en
blanc sur fond bleu avec rehauts de dorure ; bouton
de couvercle en bronze doré.

73 — Deux pitongs en ancienne porcelaine de Chine,
décor de fleurs en rouge et or ; bases et bordures en
bronze, du temps de Louis XVI.

BOITES, MINIATURES

74 — Drageoir, de forme sphérique surbaissée, en écaille
brune piquée et posée or, à décor de rocailles et quadrillés. Époque Régence.

75 — Boîte ovale en or réémaillé violet, avec bordure si-
mulant des demi-perles ; sur le couvercle, médaillon
ovale peint sur émail : Mars et Vénus ; au revers du
couvercle : les initiales *L* entrecroisées, en or découpé.
Époque Louis XVI.

76 — Boîte ovale en or émaillé bleu, ornée, sur le couvercle, d'un médaillon ovale, peint sur émail : la Toilette de Vénus ; encadrement de demi-perles. Fin du
xviiie siècle.

77 — Boîte ovale en or émaillé bleu, avec bordure de filets blancs ; sur le couvercle, médaillon peint sur
émail, présentant deux bacchantes et un amour dans
la campagne. Fin du xviiie siècle.

78 — Boîte ronde en or émaillé bleu, de la fin du xviiie siècle ; sur le couvercle a été rapportée une miniature : Portrait de femme costumée en Diane.

79 — Boîte ovale en or émaillé à fond bleu, ornée sur le couvercle d'un petit médaillon peint sur émail : sujet galant, encadré d'une bordure de demi-perles. Fin du xviiie siècle.

80 — Boîte ovale en or émaillé bleu, semée d'étoiles réservées en or. Sur le couvercle, médaillon ovale peint sur émail : Personnages faisant de la musique dans un paysage. Fin du xviiie siècle.

81 — Boîte ronde en or émaillé, ornée d'un paysage avec ruines sur le couvercle ; pourtour et dessous émaillés bleu. Fin du xviiie siècle.

82 — Miniature ronde : Portrait présumé de Mlle Duchesnois, costumée en Hébé, signé : *Dumont F. L'an 6.*

83 — Miniature ronde : Portrait de femme, assise, la tête tournée vers l'épaule gauche. Commencement du xixe siècle.

84 — Boîte ovale en or émaillé marron, avec bordure de petites feuilles réservées en or sur fond émaillé blanc. Sur le couvercle, médaillon ovale peint sur émail : Buste de personnage barbu en grisaille.

85 — Drageoir, de forme ronde, en or ciselé, à décor de
trophées d'armes et de bouquets de fleurs. Sur le couvercle, peinture sur émail : Mars, Vénus et l'Amour ;
au revers du couvercle : Portrait de personnage portant
la cuirasse et la perruque Louis XIV. Dans la base
est dissimulée une miniature : Portrait de femme.

86 — Petite boîte ronde en écaille blonde, ornée, sur le
couvercle, d'une miniature : Portrait de jeune femme
vue à mi-corps, en costume blanc Louis XVI, sur
fond de verdure.

87 — Boîte oblongue en or de couleur ciselé, à décor de
pilastres, feuillages et rinceaux, avec applications de
petits panneaux de nacre. Elle est enrichie de médail-
lons ovales peints sur émail, à dessin de jeux d'enfants et d'amours.

88 — Boîte ovale en or partiellement émaillé, à décor de
petits paysages en grisaille ; sur le couvercle, médaillon ovale peint sur émail présentant deux jeunes
femmes dans un jardin.

89 — Miniature rectangulaire : Portrait d'une jeune prin-
cesse, assise, et s'amusant avec des jouets. Cadre en
bronze doré.

OBJETS VARIÉS

90 — Groupe-applique en bois sculpté, avec traces de
peinture : la Visitation. xvie siècle.

91 — Bocal sur pied, en argent repoussé, à décor de
godrons obliques, avec volutes et petites feuilles sur
la tige. Argent doré. Travail allemand, xviie siècle.

92 — Aiguière et bassin en argent doré, à décor de
cannelures et moulures. Travail d'Augsbourg, xviiie
siècle.

93 — Deux flambeaux en argent, à décor de cannelures.
Vieux Paris. Époque Louis XVI.

94 — Statue, à mi-corps, grandeur nature, de la Vierge en
prière. Bois sculpté et peint. Travail allemand de la
fin du xve siècle.

95 — Buste en marbre blanc, plus grand que nature, de
personnage de style antique. Piédouche en marbre
bleu turquin.

96 — Groupe en pierre sculptée : la Vierge debout,
portant l'Enfant Jésus qui tient le Saint-Esprit. xvie
siècle.

97 — Statuette de sainte Barbe, debout, près de la tour,
en pierre sculptée, avec traces de peinture.

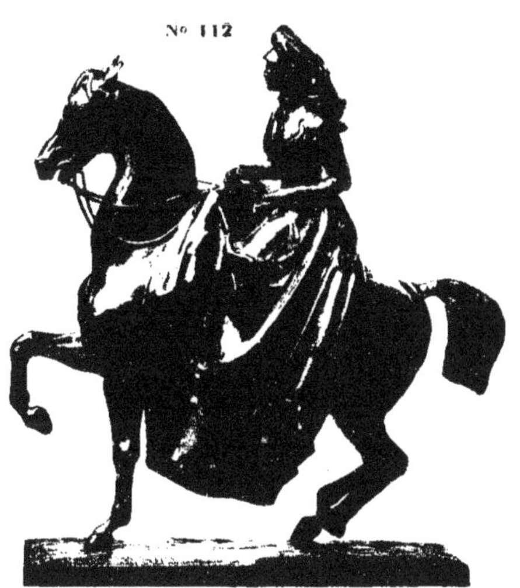

No 112

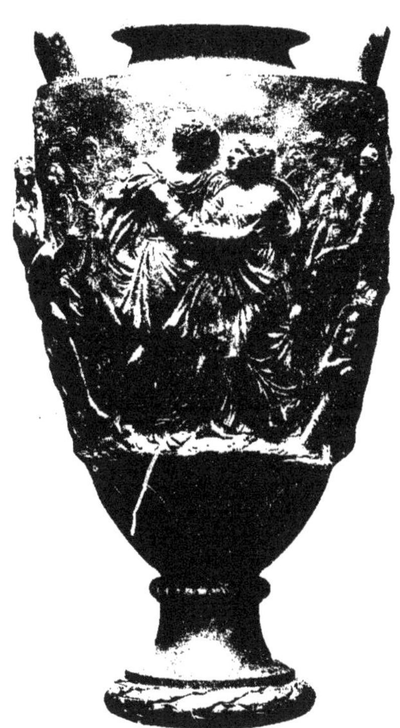

No 98

98 — Vase simulé en terre cuite, décoré de compositions
à personnages de style antique. Époque Louis XVI.

Haut., 72 cent.

99 — Trois petits panneaux, ornés de rinceaux dont un
avec têtes de chien, en bois sculpté et doré, du
temps de Louis XVI.

100 — Trois panneaux en bois, ornés d'arbustes, oiseaux
et attributs, en bois doré du xviiie siècle.

101 — Vitrail rond : le Calvaire. En partie du xiiie siècle.

102 — Pyxide en cuivre champlevé et émaillé de Limoges,
à décor de bustes d'angelots. xiiie siècle.

103 — Porte, à deux vantaux, en bois sculpté et peint
gris, décor de fleurs et moulures. Époque Louis XV.

BRONZES

104 — Mortier en bronze, muni de deux anses et orné
d'écussons d'armoiries et d'une course de petites
feuilles. xvie siècle.

105 — Statuette en bronze antique : Jupiter debout.
Socle en marbre.

106 — Statue, petite nature, en bronze à patine brune de
personnage nu, étendu, d'après l'antique. Fin du
xviiie siècle. Base en bois.

107 — Petit buste de faune en bronze, à patine brune. D'après Michel-Ange. Fin du xviiie siècle.

108 — Deux patères à têtes de bouc en bronze. Époque Louis XVI.

109 — Statuette en bronze à patine brune de guerrier antique debout et nu, le corps portant sur la jambe droite. Il lève le bras gauche pour se protéger, tandis que de la main droite il tenait une épée dont la poignée seule subsiste. Attribuée à François Duquesnoy. xviie siècle.

Haut., 28 cent.

110 — Pied de meuble, en forme de chimère, en bronze doré, du xviie siècle. Socle en granit.

111 — Deux flambeaux en marbre blanc et bronze doré, à décor de feuilles, rangs de perles, chaînettes, etc. Époque Louis XVI.

(Vente Choquet, 1899)

112 — Statuette équestre de la duchesse d'Orléans en bronze à patine verdâtre, par BARYE. Ancienne épreuve. Socle en marbre.

Haut., 37 cent.

MEUBLES, TAPISSERIE

113 — Petit chiffonnier à trois tiroirs en bois de placage,
dessus de marbre brocatelle. Epoque Régence.

Haut., 85 cent.

114 — Petite table ovale à trois tiroirs et tablette d'entre-
jambes en bois de placage à filets. Dessus de marbre
blanc, galerie de cuivre. Epoque Louis XV.

Diam., 48 cent.

115 — Bergère en bois peint gris et bleu pâle à fleurs et
moulures. Fin de l'époque Louis XV. Elle est couverte
en cretonne à fond rouge.

116 — Petite commode, à deux tiroirs, en bois de placage,
garni de bronzes. Dessus de marbre. Fin de l'époque
Louis XV.

117 — Meuble d'entre-deux à hauteur d'appui, ouvrant à
deux portes et muni d'un tiroir, en acajou moucheté ;
garniture de bronzes ; dessus de marbre blanc. Signé :
F. Schey. (Schey-Fedely, rue Saint-Antoine, reçu
maître en 1777). Epoque Louis XVI.

Haut., 1 m. 87 cent. ; larg., 90 cent.

118 — Deux petits canapés cintrés en bois sculpté et peint
gris et orange, du temps de Louis XVI. Ils sont couverts
en cretonne à feuillages.

Larg., 1 m. 02 cent.

119 — Commode à trois rangs de tiroirs en acajou. Garnitures de cuivre ; dessus de marbre. Epoque Louis XVI.

120 — Bois de fauteuil, sculpté et doré, à coquilles, quadrillés et feuillages, du temps de la Régence.

121 — Petit bureau, à deux tiroirs, en bois de placage ; dessus à abattant. Il est muni d'un écran. Epoque Louis XV.

122 — Bureau Louis XVI en marqueterie de bois de couleurs à filets, contenant deux tiroirs. Il est surmonté d'un corps contenant deux petits tiroirs fermant à coulisse. Garnitures de bronze.

123 — Canapé, deux fauteuils et quatre chaises plaqués d'acajou, à dessin de petites feuilles, cannelures, frises de postes, etc. Fin du xviiie siècle. Ils sont recouverts de velours bleu ciselé.

124 — Petit bureau, à dos d'âne, en racine, sur quatre pieds cambrés.

125 — Petite table, à un tiroir formant bureau, et à deux petites portes; marqueterie de bois de couleurs, à dessin d'ustensiles, attributs, etc.

126 — Armoire, à deux portes, en bois sculpté, à décor de fleurs et feuilles. Epoque Louis XV.

127 — Petit meuble bas, de forme contournée, à une porte, en marqueterie de bois de couleurs à fleurs. Dessus de marbre. Epoque Louis XV.

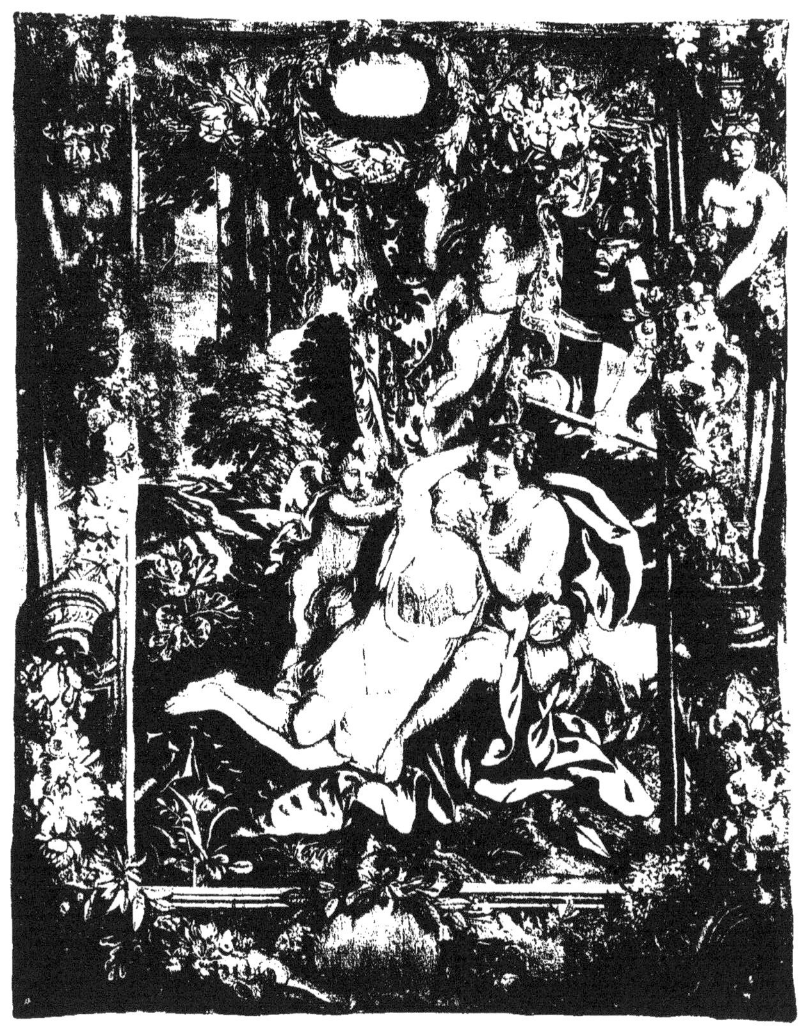

N· 132

128 - Petit bureau-bonheur-du-jour en bois de placage.
du temps de Louis XV : corps supérieur fermant à
coulisse, corps inférieur contenant un tiroir formant
bureau. Sabots de bronze.

129 — Secrétaire droit à abattant, portes et tiroir, en
marqueterie de bois de couleurs ; décor de branchages.
Signé : *Boudin*. Fin de l'époque Louis XV. Il a été
garni de bronzes.

130 — Commode, à deux tiroirs, en marqueterie de bois
de couleurs à fleurs, garnie de chutes et poignées en
bronze doré. Dessus de marbre. Époque Louis XV.

131 — Petit bureau à cylindre Louis XVI en bois de
placage ; décor de filets et fleurs ; tablette de marbre
blanc ; galerie de cuivre.

132 — Tapisserie flamande du XVIIe siècle, à sujet mytholo-
gique relatif à Mars, fond de paysage, bordure ornée
de guirlandes à fleurs et de cariatides.

Haut., 3 m. 55 cent.; larg., 2 m. 80 cent.

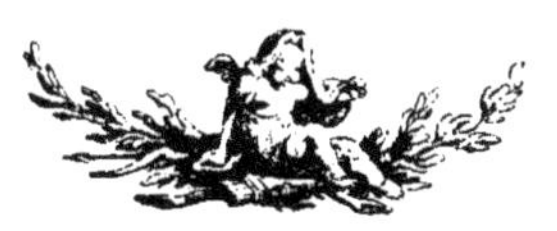